U0124888

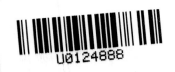

經典碑帖放大本

趙孟頫書陋室銘·趵突泉詩

孫寶文 編

上海人民美術出版社

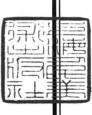

陋室

山不

仙则

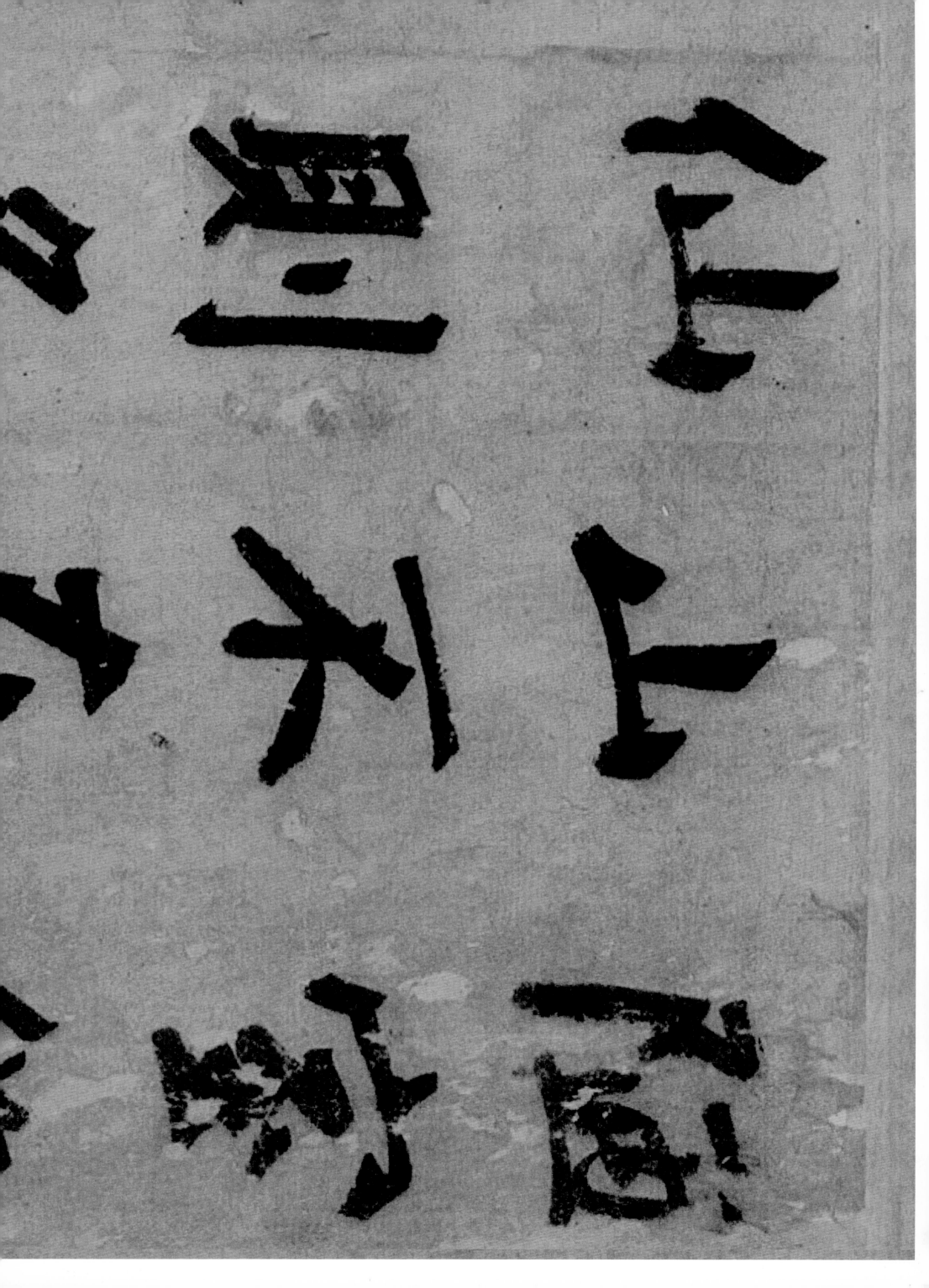

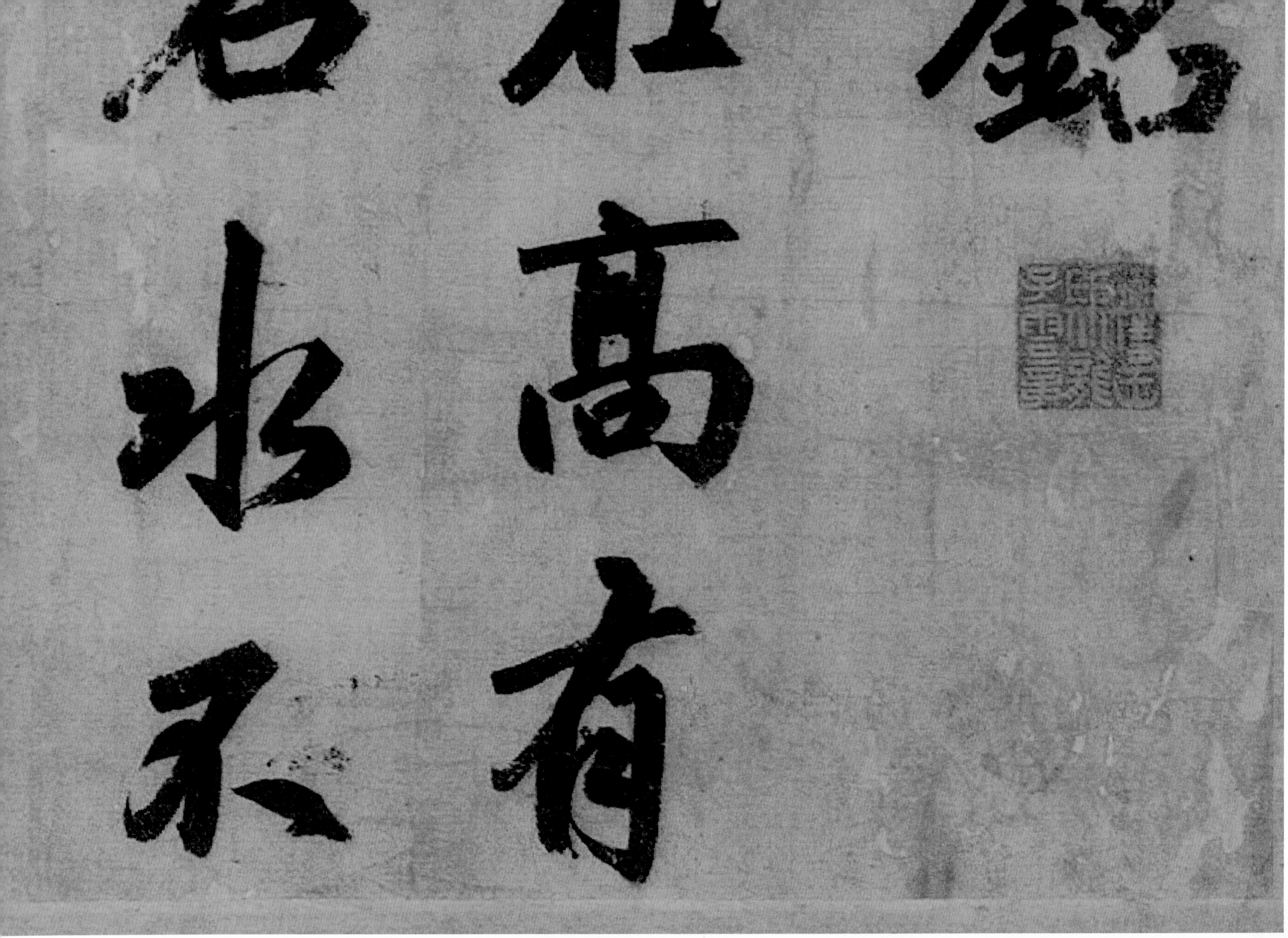

陋室銘

山不在高有仙則名水不

無論在
必其無

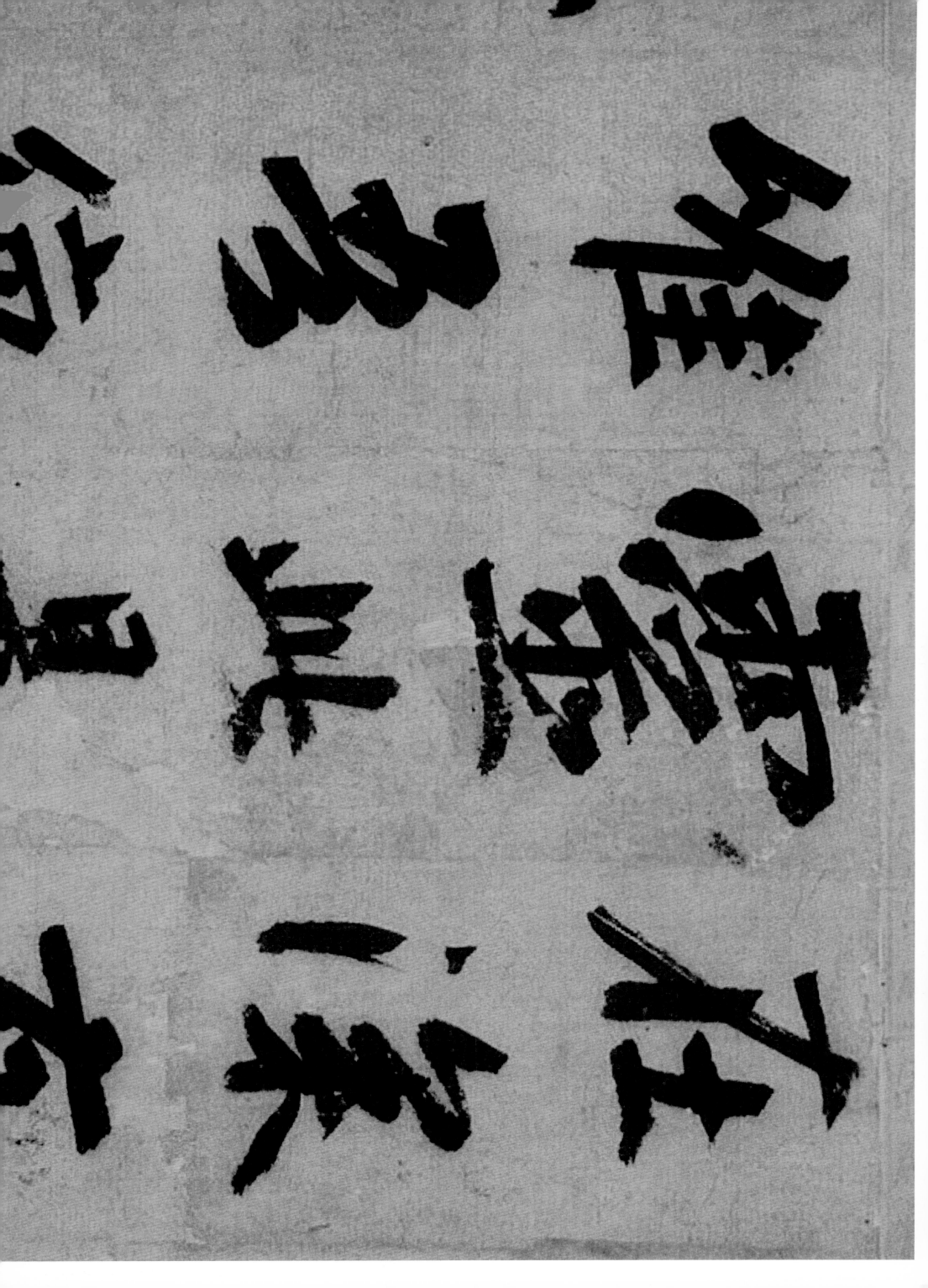

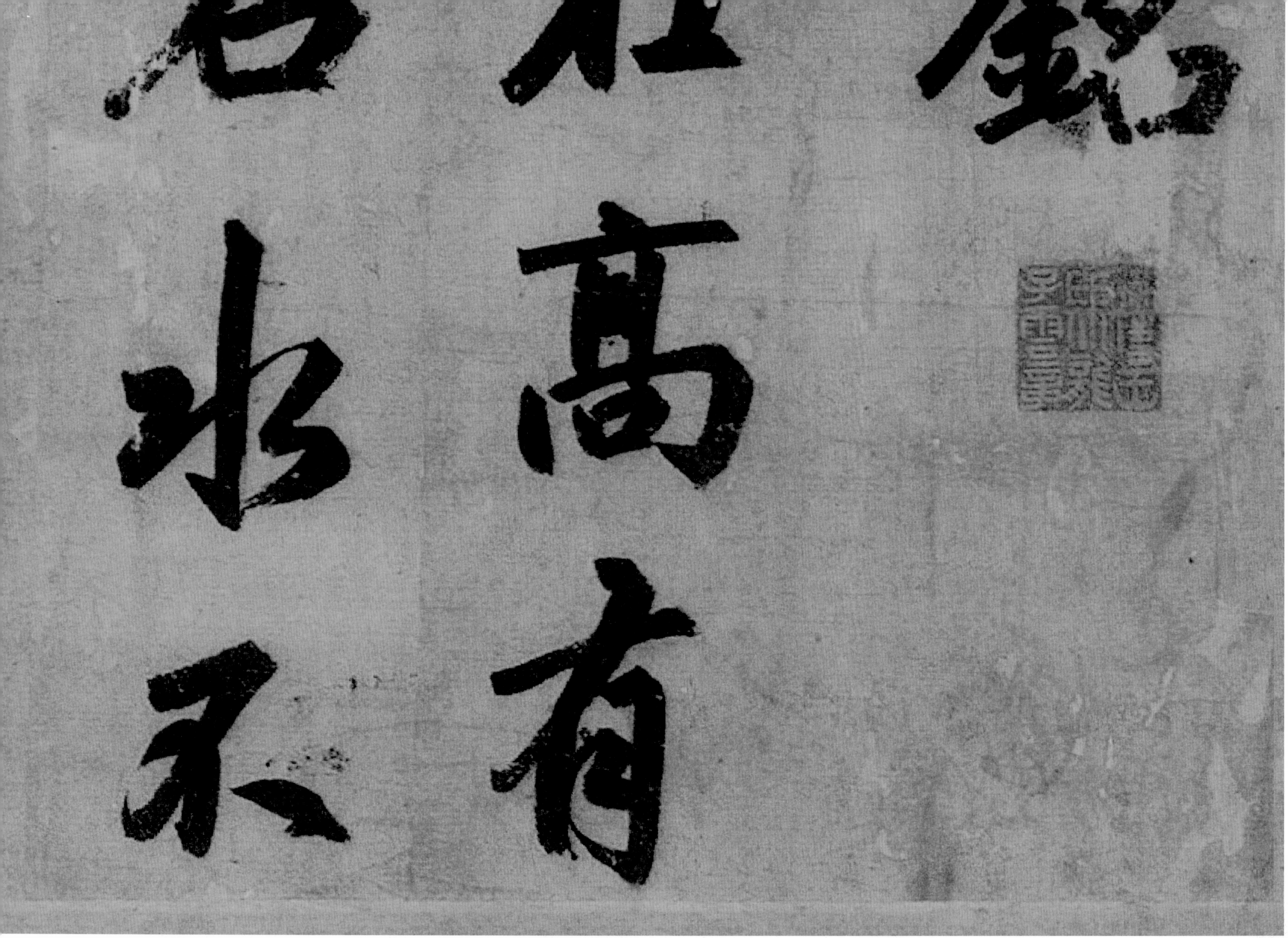

陋室銘

山不在高有仙則名水不

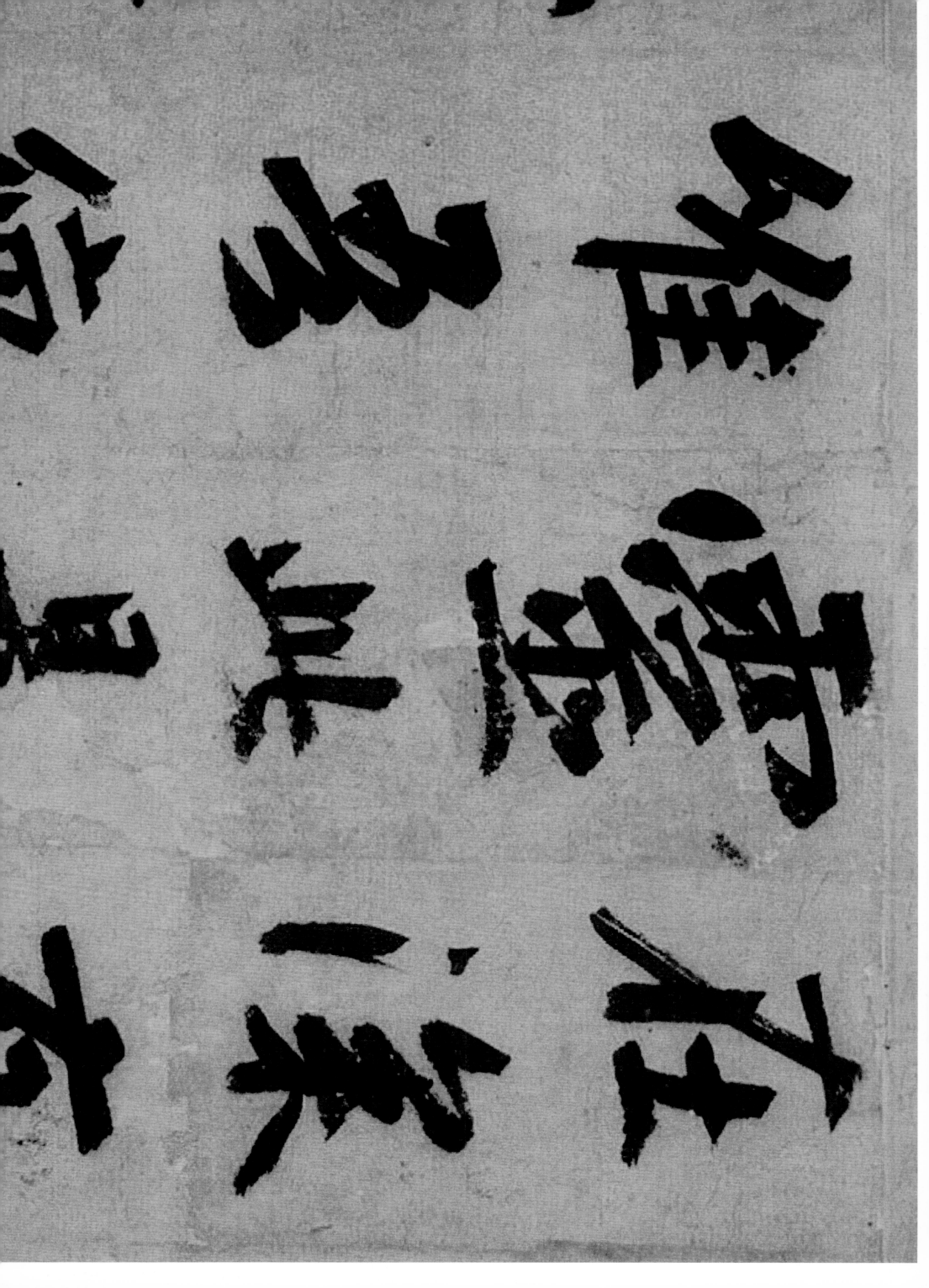

奉齊在

必其無

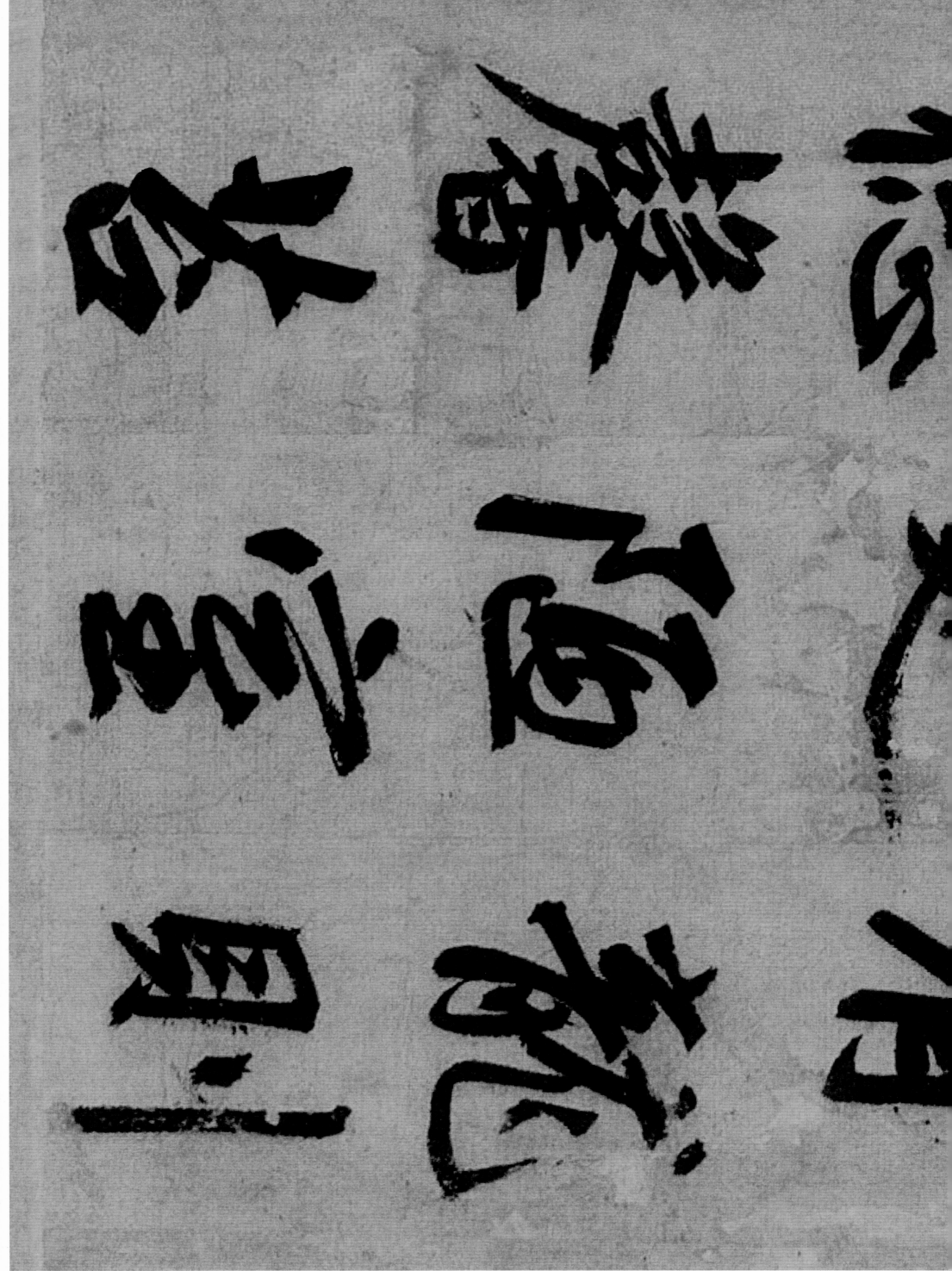

有龍則
是陋室
德馨苔

在深有龍則靈此是陋室惟吾德馨苔

痕上墙
色入簾
笑有鸿

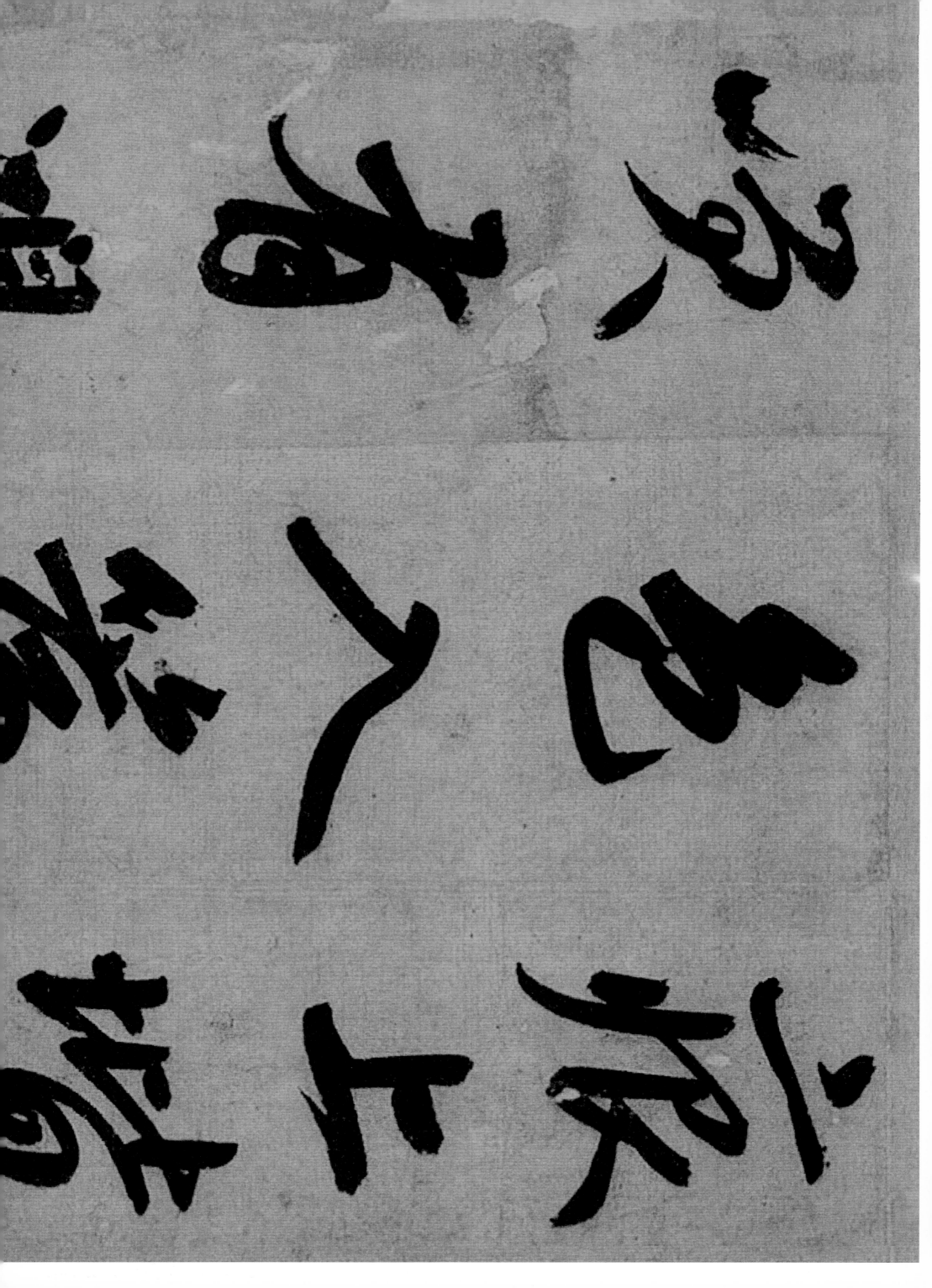

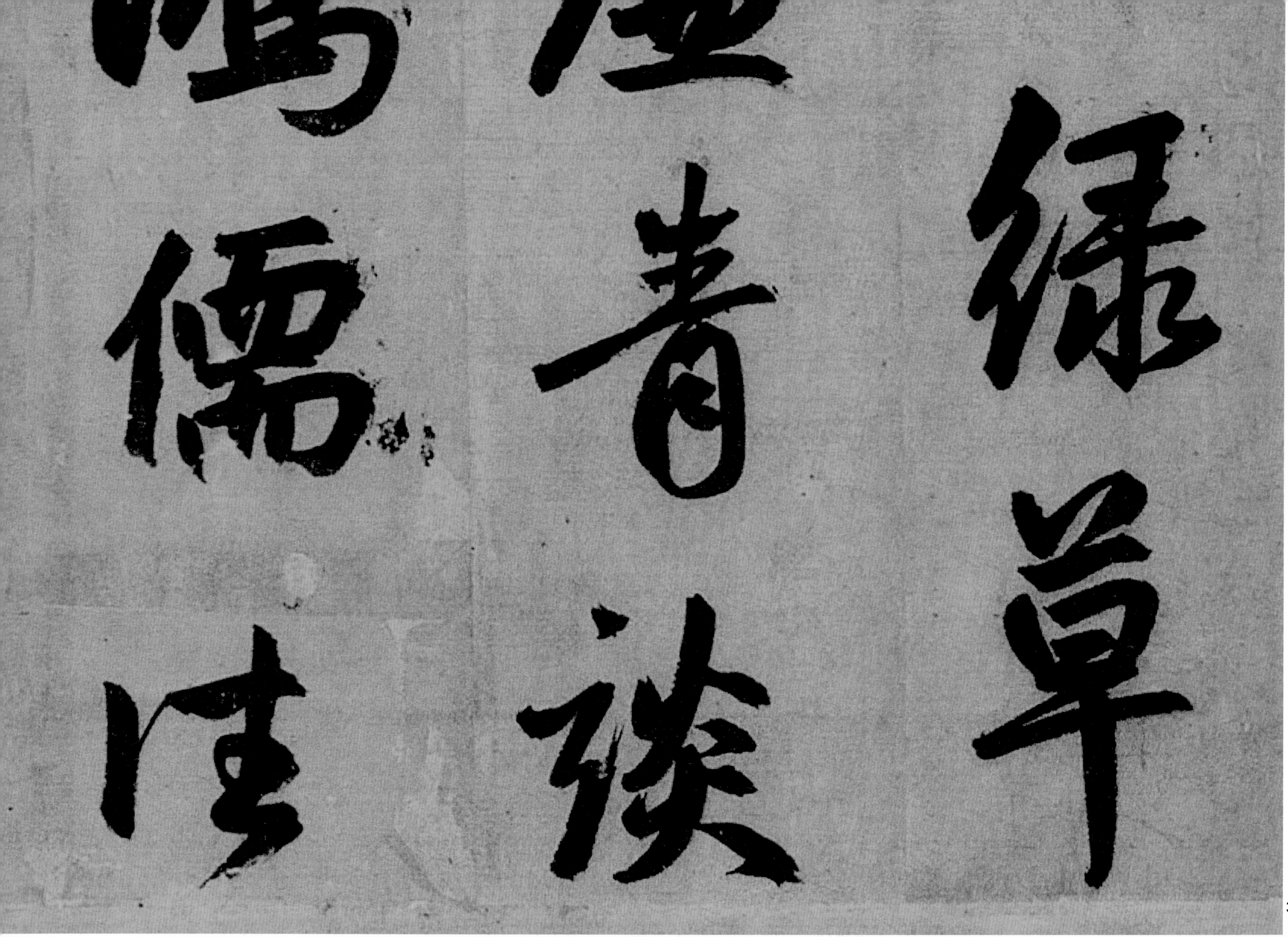

痕上階綠草色入簾青談笑有鴻儒往

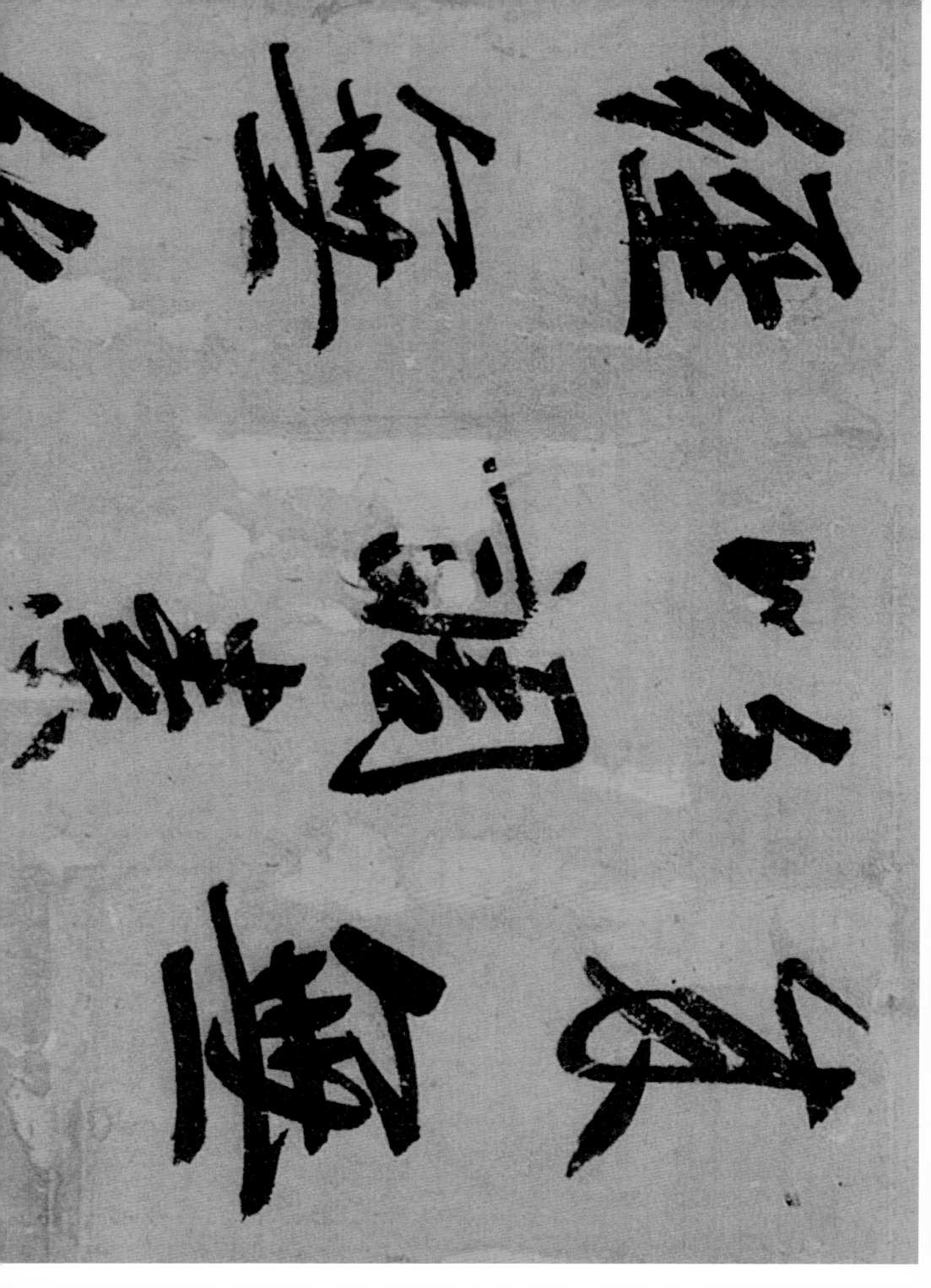

深以安

御遠御

不濟

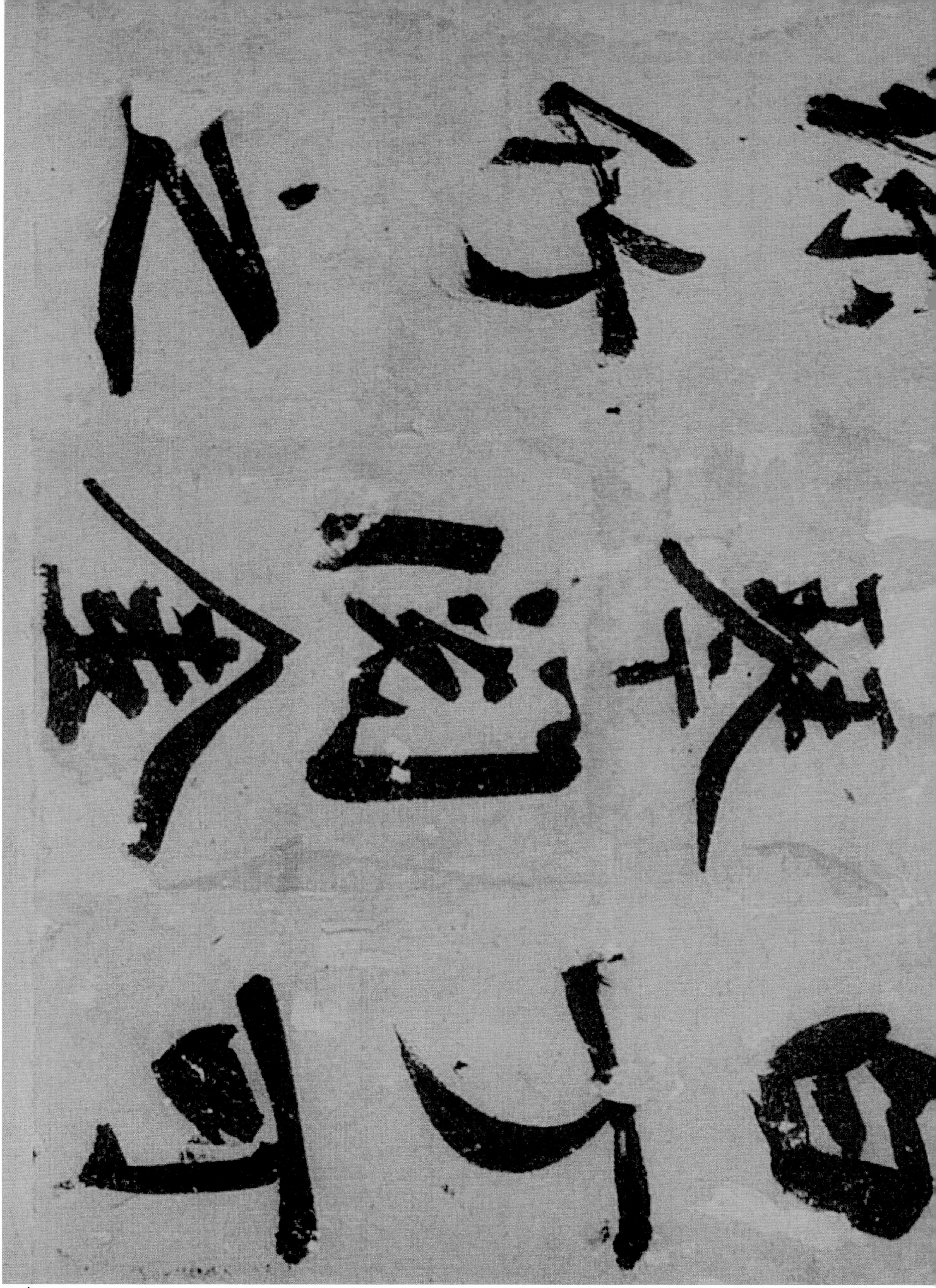

來無白丁可以調素琴閱金經無絲竹之

寫蘇氣
將八申

無案

勞形南

葛廬

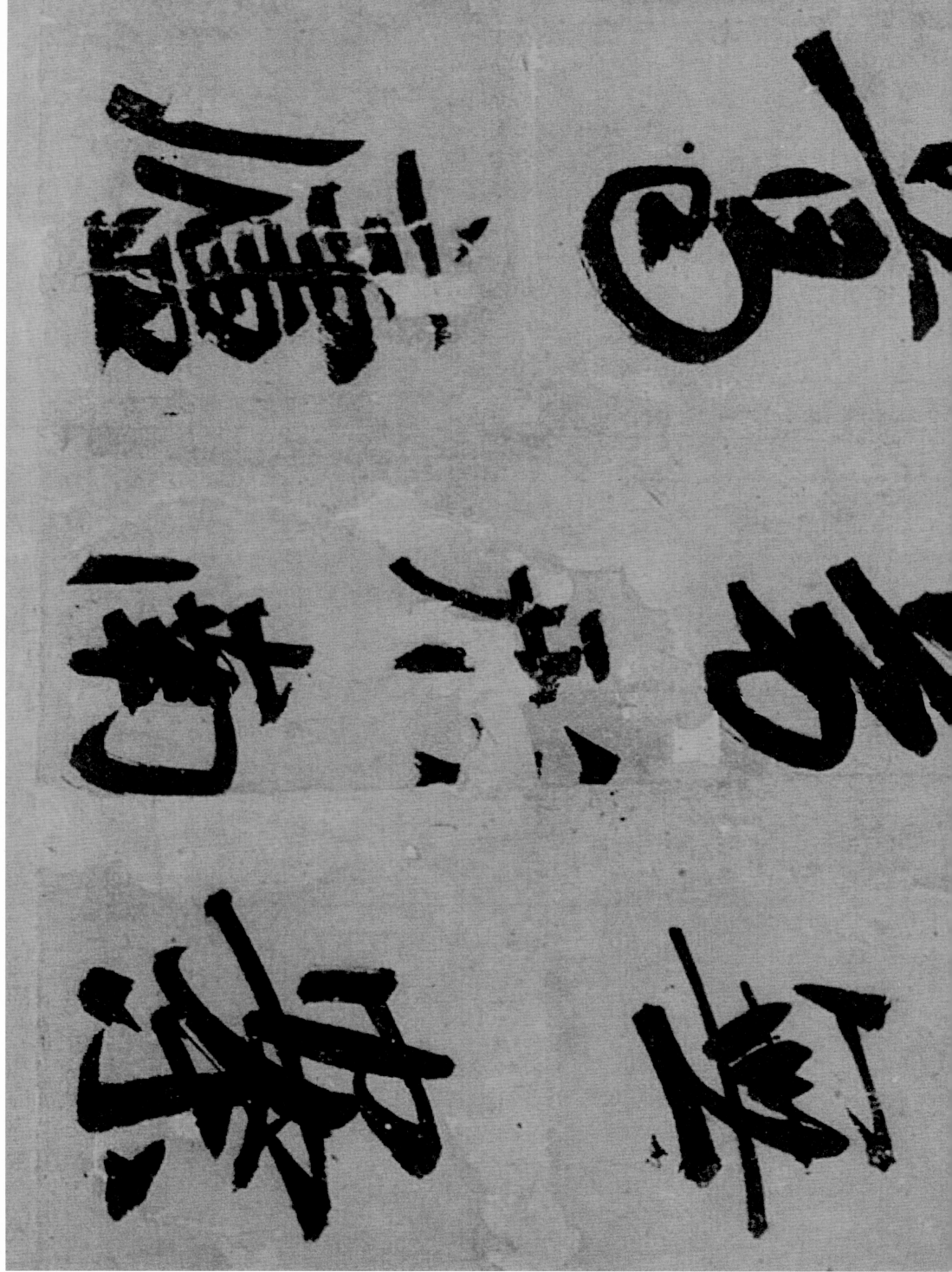

亂耳無案牘之勞形南陽諸葛廬

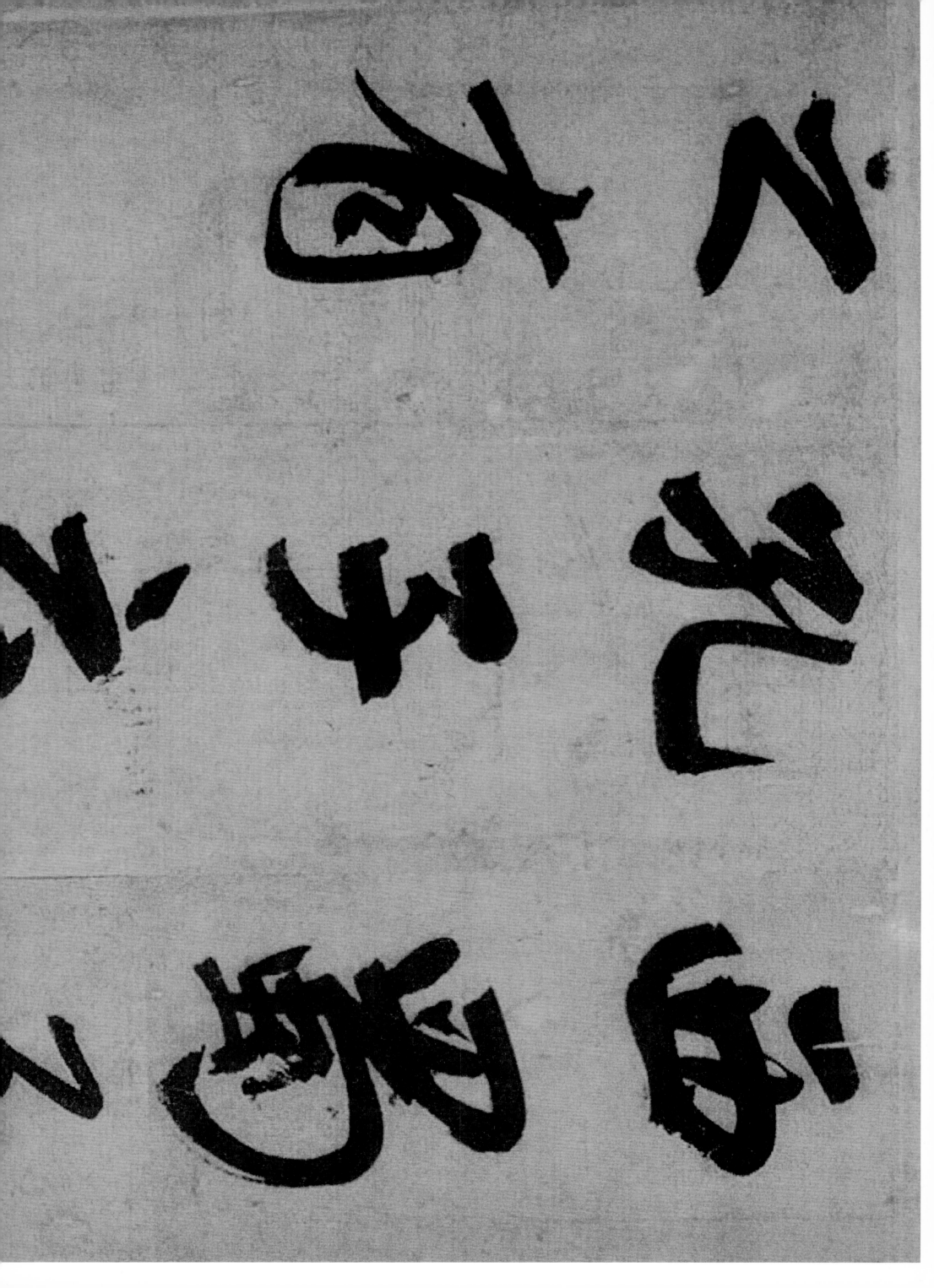

西蜀

孔子

之有

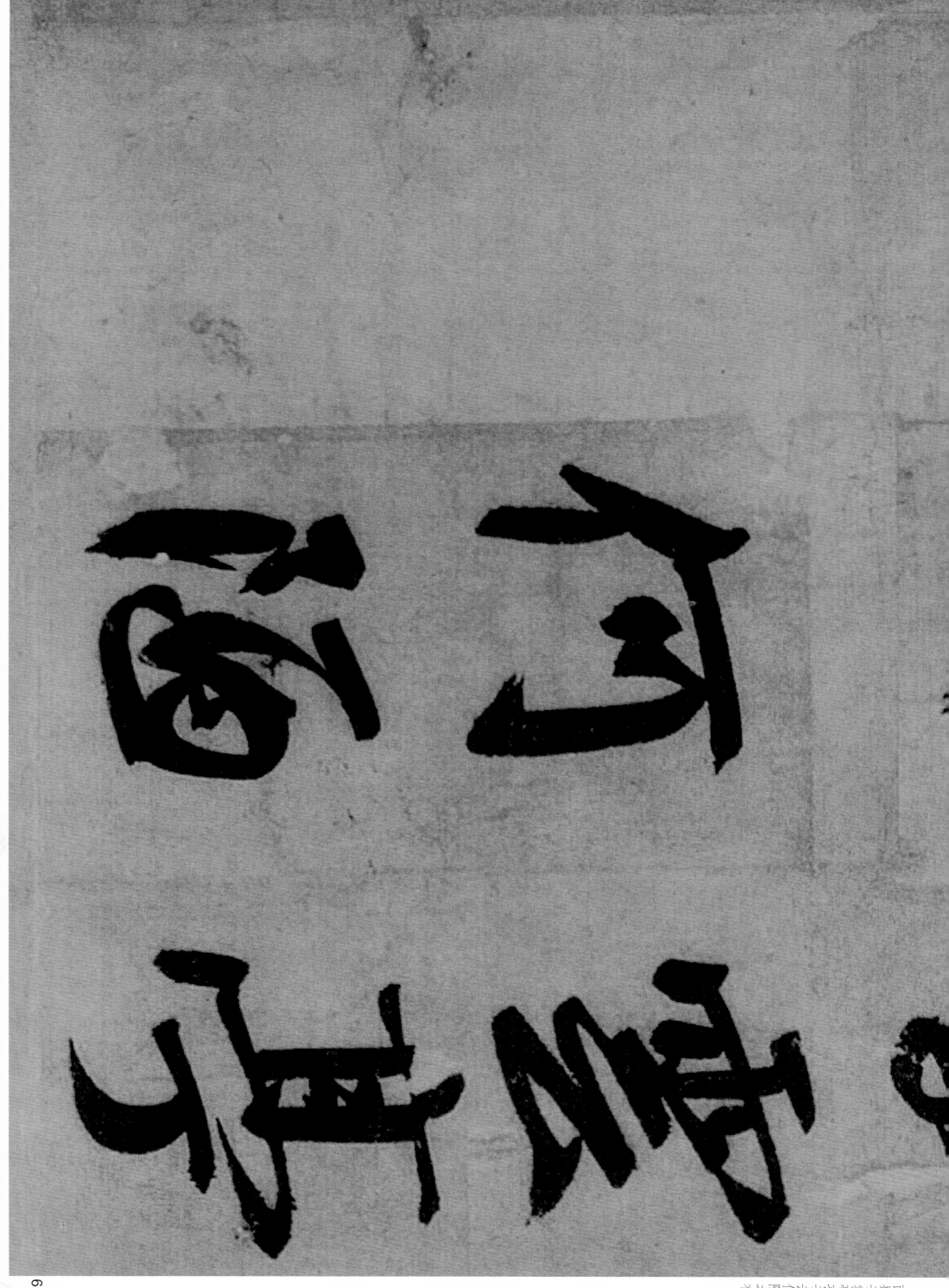

西蜀子雲亭孔子云何陋之有

雲亭

何陋

趵突泉
濼水發源
地湧出白
久恐元氣

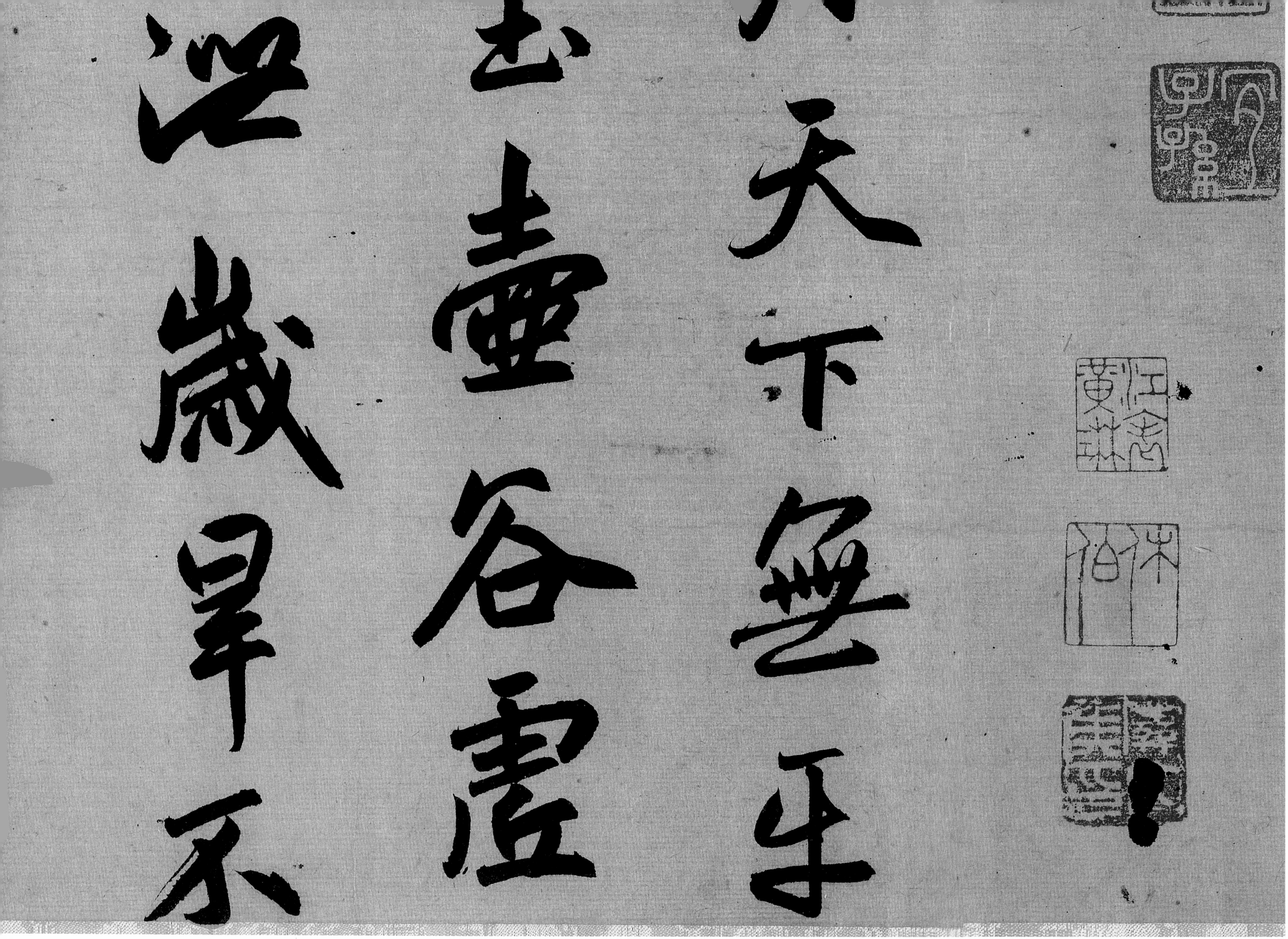

趵突泉

濼水發源天下無平地湧出白玉壺谷虛久恐元氣泄歲旱不

然東海枯
蓀華不
震大明湖
濯塵土冰

愁東海枯雲霧潤蒸華不注波瀾聲震大明湖時來泉上濯塵土冰雪滿懷清

雲霧潤
注波瀾聲
時来泉上
雪滿懷清

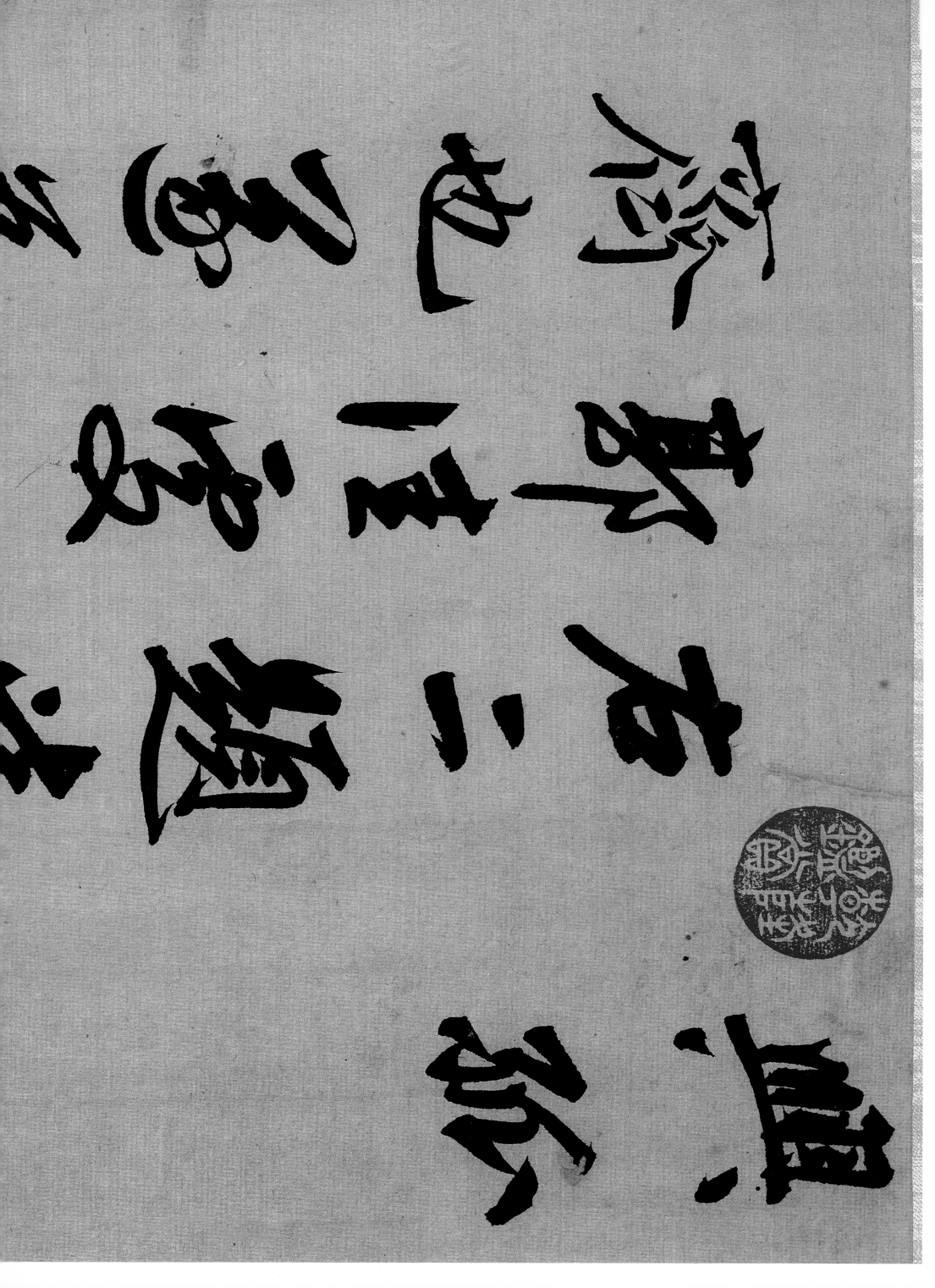

與孤

右二題

郭佳受

齋也篆

皆濟南近
公謹家故
爲書此 孟頫

興孤
右二題皆濟南近郭佳處公謹家故齊也遂爲書此
孟頫

陋室銘

山不在高有
仙則名水不
在深有龍則
靈此是陋室
惟吾德馨苔
痕上堦綠草
色入簾青談
笑有鴻儒往
無白丁可

趵突泉

濼水發源天下無平
地湧出白玉壺谷虛
久恐元氣洩歲旱不
愁東海枯雲霧潤
蒸華不注波瀾聲
震大明湖時